Naíle Mamede

Dos pés sujos de barro aos sapatos de solados vermelhos

Copyright© 2022 by Literare Books International
Todos os direitos desta edição são reservados à Literare Books International.

Presidente:
Mauricio Sita

Vice-presidente:
Alessandra Ksenhuck

Diretora executiva:
Julyana Rosa

Diretora de projetos:
Gleide Santos

Foto da capa:
asiana / shutterstock.com

Capa, diagramação e projeto gráfico:
Gabriel Uchima

Preparação:
Ivani Rezende

Revisão:
Rodrigo Rainho e Leo A. de Andrade

Relacionamento com o cliente:
Claudia Pires

Impressão:
Gráfica Paym

Dados Internacionais de Catalogação na Publicação (CIP)
(eDOC BRASIL, Belo Horizonte/MG)

M264d
Mamede, Naíle.
Dos pés sujos de barro aos sapatos de solados vermelhos / Naíle Mamede. – São Paulo, SP: Literare Books International, 2022.

ISBN 978-65-5922-254-4

1. Empreendedorismo. 2. Biografia. 3. Sucesso nos negócios. I. Título.

CDD 920

Elaborado por Maurício Amormino Júnior – CRB6/2422

Literare Books International.
Rua Antônio Augusto Covello, 472 – Vila Mariana – São Paulo, SP.
CEP 01550-060
Fone: +55 (0**11) 2659-0968
site: www.literarebooks.com.br
e-mail: literare@literarebooks.com.br

Dedicatória

À memória de meus amados e saudosos pais, Abdala e Violeta Mamede, que me guiaram e foram meus exemplos neste caminho de sabedoria da vida.

Seus conselhos foram fundamentais para que eu saísse do meu casulo e voasse alto. Suas palavras foram como uma flecha e eu não hesitei, pois sabia que conseguiria.

Honro a memória de vocês e todos os ensinamentos que me proporcionaram e que me permitem viver no caminho da reta ação, da alegria e do amor ao próximo. Todos os dias eu lembro dos seus conselhos e os lembrarei até meu último suspiro. Com amor e saudades eternas!

Agradecimentos

Nasci em uma família na qual servir e compartilhar sempre foi motivo de alegria. Não há nesse mundo uma só pessoa que não tenha um sorriso para dar, uma gentileza ou um carinho.

Desde menina, percebi que a vida fica muito mais rica e interessante quando fazemos parte de um grupo.

Sozinhos somos pouco. A vida acontece a partir da nossa troca com as outras pessoas. É no momento em que vamos ao mundo ofertar a nossa luz que recebemos amor. Essa é a maior de todas as dádivas da condição humana.

É no contato generoso com o próximo que vemos nossa alma no espelho. Que construímos nossos pensamentos, ideias e caráter. Que transformamos sonhos em realidade.

E foi numa dessas trocas que tive a inspiração para escrever este livro. Um dia, uma professora do primário pediu ao meu filho Lucas que escrevesse a história de um super-herói. Meu menino, sem que eu soubesse, narrou a minha jornada: uma menina que comia barro para enganar a fome, passou por mil aventuras e se tornou a Doutora do Papai.

Sua professora perguntou: "Quem é essa menina?" Ele respondeu orgulhoso: "É a minha mãe!" e ela disse: "Eu quero conhecer essa mãe". Fui até lá, me deu parabéns por ser a heroína do meu filho e pediu que eu contasse a minha história para os alunos da escola. Foi a primeira "palestra" que fiz na vida. Percebi ali, através da emoção pura das crianças, o impacto que as minhas vivências tinham sobre elas a ponto de inspirá-las a lutar por seus sonhos.

Nascia ali a sementinha desta obra, que não plantei sozinha. Recebi a ajuda, o apoio e carinho de muitos amigos. Sou grata a todos e deixo aqui registrado o meu obrigado especial...

Aos meus amados filhos; Roberto, Luana, Nelson, Lucas e Mateus, por todo apoio, incentivo e amor incondicional.

Agradecimentos

Ao Dr. Abel Pierre, por tanta atenção, me ligava dez vezes por dia para saber como eu estava evoluindo da covid-19.

Ao Dr. Adauto Rochetto (*In Memoriam*), Delegado da ADESG – Associação dos Diplomados da Escola Superior de Guerra, CEPE 51; durante sua profícua gestão fui agraciada com tantos ensinamentos.

Ao Governador do Rotary, Dr. Dante Amato, e esposa Adriana Amato, pelo incentivo e pela generosidade.

Ao artista plástico David Dalmau, por sua sensibilidade e amizade em retratar minha trajetória em sua bela obra.

Ao André Ferreira de Almeida, um grande amigo enquanto eu atravessava o meu deserto.

Ao casal Ângela e Dr. Paulo Antunes, meus companheiros enquanto fiquei em isolamento no hospital no meu momento mais frágil. Fazendo orações, vídeos e de certa forma me fazendo companhia.

À Psicóloga Bruna Oliveira, um anjo que Deus colocou na minha vida numa fase muito difícil e de grande fragilidade.

Ao querido amigo Carlos Franco, que me ajudou com seu coração gigante e paciente.

Ao meu amigo e Presidente do Rotary Liberdade, Carlos Cecílio e sua esposa Roberta, pelo incentivo e torcida pela publicação deste livro.

À Cláudia Santana por toda sua contribuição, dedicação, disposição, amizade e carinho.

À Dra. Elaine Cristina Xavier Mourão Ianner, minha competente advogada, amiga leal de todas as horas, que caminha comigo há vinte anos e cujo apoio irrestrito eu tenho.

Ao casal Elaine Abel e Dr. Jorge Abel, por suas orações e carinho, que corajosamente foi me visitar na ala isolada do hospital.

Ao casal Drs. Emy e Yoitiro Mori, pela preocupação ininterrupta com minha saúde e a quem devo a minha segunda vida.

À minha amiga especial e VCB – Voluntária Cisne Branco, Inês Restier, que, com a sua visão, me mostrou que a minha história deveria ser levada a todos que precisam de incentivo e inspiração.

Agradecimentos

À querida Karin Cristina Laperuta Ribeiro, pela sua disponibilidade, sensibilidade e dedicação em me ouvir.

À amável e adorada amiga Ketlen Preto.

À Leila Navarro, minha amada mentora, obrigada pela inspiração e valiosos ensinamentos que me jogaram " Ao topo do mundo" DUBAI, numa imersão inesquecível e lançamento deste livro e palestra no seu projeto SPEAKER TALENT.

À minha amiga divina, Maria Diuva Sá, amiga de todas as horas, pela sua mão sempre estendida.

Ao Dr. Rafael Sartori, por sua competência e tratamento humanizado durante a minha internação. Eu melhorava imediatamente quando ele adentrava no meu quarto.

À Silvia Patriani, pela amizade, paciência e bons conselhos.

Ao Governador Paulo Eduardo Fonseca, pelo apoio a este livro e pela gentileza do prefácio, à sua atuante esposa Diva Fonseca e sua filha Ana Paula Fonseca, uma engajada lutadora e conscientizadora das pessoas determinadas.

À Dra. Monica Teixeira, pelo amor, pela generosidade e principalmente pela ajuda incondicional, e que muitas vezes saciou minha fome e a dos meus filhos, leal companheira de décadas tendo paciência em me ouvir quando estive internada em decorrência da COVID-19.

Ao casal Maria Fernanda Simonsen e Mario Simonsen, pela alegria e amizade e generosidade.

Ao amigo e mestre Ricardo Ventura, @não minta para mim, por me colocar nos palcos e ver em mim o potencial de palestrante.

À minha amada amiga Marcia Olmus, que tantas orações fazia que mesmo distante eu sentia seu amor.

À amiga Glaicy Petrillo, por seu amor puro e orações, que acalmavam meu coração.

À Leila Thais Pereira de Almeida, pelo carinho e sensibilidade em inspirar o título deste livro.

À Patrícia Caetano, minha maravilhosa fonoaudióloga que, com sua doçura e competência, me ajudou a recuperar a voz, de que tanto necessito.

Aos amigos Patricia Santos, a Paty, e seu esposo Marcos Reinaldo, amigos verdadeiros que vieram me alimentar, me colocar no sol, no meio da pandemia.

Agradecimentos

À amada amiga e médica Renata Zito, que me ligava todos os dias para saber do meu estado de saúde.

À Rebeca Jimenez Costa, que, com sua simpatia inigualável, eficiência e de forma amorosa nos proporciona experiências inesquecíveis no Grand Hyatt São Paulo/Brasil.

Ao meu amado amigo e sábio Serrano "a caquética", meu confidente estamos sempre juntos nos ajudando lambendo nossas feridas e celebrando a vida há décadas.

Na pessoa da minha afilhada querida Vania Hecht, agradeço a todos companheiros do Rotary Liberdade pelas oportunidades que me dão de servir ao próximo.

À toda minha equipe da Mamede Advocacia, que trabalha com amor, competência, paixão e sempre me surpreende. Vocês são fundamentais na minha vida e, ao contrário do que apregoam os gestores de riscos, eternamente os tratarei como filhos.

Do fundo de minha alma pura de criança, celebro esta publicação, torcendo muito para que este livro, que fiz com tanto amor, possa inspirar os leitores a nunca desistirem de seus sonhos.

Façam!
Não esperem acontecer!

Com todo meu amor,

Naíle, a Doutora do Papai!

Prefácio

Inexoravelmente, a vida é feita de escolhas!

Esta é a emocionante e inspiradora história de uma menina nascida em uma pequena aldeia no interior do Pará que, aos nove anos de idade, se viu impelida a sair da casa de seus pais para poder estudar na capital do seu estado, em Belém. Ela queria realizar seu sonho de ser "a Doutora do Papai", como era chamada.

Trabalhou em casa de família como babá, sendo oprimida. Trabalhou no comércio, em uma peixaria, enfrentando dificuldades de diversas ordens. Porém, apesar da pouca idade, sempre se lembrando dos conselhos de sua mãe e de seu pai, superou as adversidades do cotidiano sem jamais esmorecer.

Ela tinha um sonho e, assim, na sua juventude buscou novas oportunidades em São Paulo. Ali, se casou, teve filhos, mas, mais uma vez se viu prisioneira numa verdadeira "gaiola de ouro", pois sofreu diversos tipos de violências domésticas, o que a levou sair de casa com seus filhos. Envolta em inúmeras dificuldades, decidiu estudar, graduando-se em Direito, inclusive para se defender e sustentar seus filhos.

Já formada e devidamente habilitada para exercer a Advocacia, porém sem um escritório para trabalhar, passou a fazer seus atendimentos a partir de um "orelhão" – telefone público – instalado numa praça de São Paulo. Com muito esforço e dedicação, fez sucesso na carreira jurídica e hoje atua em seus escritórios em São Paulo, Recife e Belém, sendo reconhecida por sua atuação e competência.

Também se doa para atividades comunitárias, sempre com o propósito de ajudar para que as pessoas encontrem seu lugar no mundo.

Prefácio

Esta é uma história de uma menina pobre, nascida numa aldeia no interior do Pará, que sem nunca esmorecer e sempre com um sorriso no rosto, com trabalho, confiança, dignidade e positividade, aceitou os desígnios de Deus e alcançou seu espaço no mundo realizando seu sonho e o sonho de seu pai que sempre a chamou de "a Doutora do Papai".

Naíle fez suas escolhas e hoje tem convicção de que, como disse o filósofo dinamarquês Sören Kierkegaard, a vida só pode ser compreendida quando se olha para trás e que só pode ser vivida olhando-a para frente.

Agora, Naíle, "a Doutora do Papai", generosamente compartilha sua história e suas experiências de vida, permitindo que os leitores ampliem suas autorreflexóes e se recoloquem perante sua própria história.

Com isso, Naíle deixou de ser a "Doutora do Papai" para ser a "nossa doutora" e empresta a sua história para todos que acreditam que na vida tudo passa e que, sem jamais desistir, acreditando em Deus e na força no trabalho, buscam a prática do amor e do bem.

Paulo Eduardo de Barros Fonseca,
Governador do Distrito 4430 de Rotary Internacional ano 2006-2007.
Presidente da Associação dos Procuradores Autárquicos do Estado de São Paulo.

Sumário

Capítulo 1
BRASILEIRO,
ESTE MEU TORRÃO DE TERRA 19

Capítulo 2
DAS MÃOS SANGRANDO À PEIXARIA 35

Capítulo 3
A PEIXARIA DO APRENDIZADO 49

Capítulo 4
SÃO PAULO E O MUNDO 61

Capítulo 5
VENDAS AMIL POR HORA 71

Capítulo 6
O CASTELO E O PRÍNCIPE 81

Capítulo 7
UM BICHO-DA-SEDA PRESO
EM SEU CASULO 91

Capítulo 8
UM VOO DE ASAS REPRIMIDAS......................... 101

Capítulo 9
A PRIMEIRA POSSIBILIDADE
DE UM VOO MAIS ALTO... 111

Capítulo 10
O RETORNO DO SAPO E O
PRÍNCIPE SUBSERVIENTE.....................................121

Capítulo 11
ABRINDO E CONQUISTANDO
NOVOS HORIZONTES...131

Capítulo 12
AS LIÇÕES QUE APRENDI.....................................139

GALERIA DE FOTOS..147

Capítulo 1

BRASILEIRO,
ESTE MEU TORRÃO DE TERRA

Você conhece uma cidade chamada Brasileiro? Ela fica lá nas bordas do estado do Pará, em plena Amazônia. Ajudei com essa informação? Claro que não! Não conhece? Ninguém a conhece, não tem no mapa, nem no Google, nem no IBGE. Dizer que é uma cidade... é um arroubo de ternura. No máximo seria um lugarejo. Eu nasci lá.

É um lugar com suas casas de pau a pique e telhados de sapé, onde gente simples e humilde, brasileiros, escreve ainda hoje uma história de luta pela vida e pela sobrevivência. E, por que não, também de sonhos, pois são estes que alimentam muitos dos brasileiros nascidos, como eu, em Brasileiro e que decidiram transformar sonhos em realidade.

Foi naquele local esquecido que tive o meu primeiro contato com o mundo. Um imenso mundo de pouco mais de 30 casas e uma rua de terra, com lama, se chovia, e poeira com o sol escaldante, um local sempre castigado por um clima quente, quentíssimo, que é o comum na região da floresta amazônica. Nossa casa era igual a todas; paredes e chão de barro, cobertas de palha, nossa geladeira era um velho pote, o chuveiro eram os igarapés (riachos), banheiro era na floresta, meu bichinho de estimação, um jacarezinho e minha boneca era o pedaço do cacho do açaí (a parte que gruda na palmeira).

Papai, Abdala Mamede, descendente de sírios, acreditava que aquele seria o paraíso na Terra, cercado de riquezas que um dia ele haveria de conquistar. Enquanto o sonho insistia em fugir da realidade, restava-lhe o comércio em sua velha bicicleta de peixes que trazia de Belém para vender nas cidadezinhas ao redor e garantir a renda que complementava com a caça de animais da região.

Capítulo 1

Mamãe, que tem nome de flor, Violeta Mamede, é a típica filha desse chão, uma mistura de português e caboclo. Ainda que com poucos estudos, se dedicava a ensinar o que sabia às crianças do lugar.

Ela era professora e transmitia seus conhecimentos para os alunos. Mais do que ensinar a ler e escrever, mamãe dava a eles um manual de vida, como se comportar, ter ética, dignidade e também sonhos. Com sabedoria e carinho, tinha o dom de abrir os olhos das crianças, como eu, para um mundo completamente novo, distante do território de livros, cartilhas e mapas. O salário da mamãe era consumido na compra de mantimentos e era tão escasso quanto tudo ao redor.

Numa cidadezinha distante de tudo, praticamente esquecida pelo poder público, o salário dos servidores públicos naquela época aparecia depois de dois, três anos e evaporava. Nesse intervalo, a escassez e a miséria, sem sequer fazer parte da linha de pobreza, distante de tudo como Brasileiro, se faziam presentes, tornando ausentes os alimentos, as roupas e os calçados.

Hoje, olhando pelo retrovisor, vejo como o rico Brasil é feito e construído, dia a dia, por gente humilde, como humildes fomos, mas que, com seus sonhos, alimentam e preservam os sonhos de um país imensamente rico, culturalmente diverso e costurado borda a borda por belezas naturais.

Sim, havia beleza ao redor, canto de pássaros, árvores frondosas, rios de águas cristalinas (os igarapés com suas vitórias-régias) e a terra, terra vermelha regada pela chuva e o suor daqueles que com ela lidavam, deixando o seu sangue semeado, alimento para as novas e sempre esperançosas gerações de brasileiros. Os brasileiros de Brasileiro como eu.

O melhor momento do dia, para mim, era quando meu herói, papai, chegava da mata depois da caça e me procurava com seus olhos profundos.

— Cadê a minha doutora? – dizia o seu Abdala assim que arriava sua saca com a caça. Muitas vezes, quando eu percebia que ele estava chegando, me escondia só para ele me procurar

Capítulo 1

e dizer essa frase. Gostava de ouvir ... a minha doutora!

— A minha doutora já acordou? – ele perguntava logo ao amanhecer.

— Sim, papai, sua doutora já está de pé – eu respondia feliz da vida e sem saber o que isso iria significar na minha vida.

Passei a cultivar o sonho de ser doutora. Assumi esse sonho do papai, que intencionalmente incutia em mim, assim como em seus outros filhos, a importância de estudar. De oito filhos, nos tornamos sete. Por conta das precariedades, um de meus irmãozinhos faleceu. A dor do luto tomou conta da nossa família, mas as urgências da vida nos fizeram seguir em frente.

Não pense que aquela casa humilde era fonte de tristeza. Muito pelo contrário! Os sons da floresta e dos igarapés eram sempre preenchidos com as nossas risadas. Muitas brincadeiras de roda e músicas que a gente mesmo cantava, pois não tínhamos rádio, ou nenhum outro aparelho eletrônico.

Dançávamos e tínhamos verdadeiros "banquetes" quando o papai tinha êxito em suas caçadas. Pacas e tatus, os pratos nobres que nos uniam numa mesa na qual não havia talheres e comia-se com as mãos, e a exigência da mamãe que estivessem limpas, lavadas na bica d'água, antes de nos sentarmos a uma mesa improvisada, mas, nesses dias, farta de alegria e compartilhamento com o recheio saboroso das histórias. Do trabalho danado de um tatu que se escondia e fugia do objetivo de papai de levá-lo à mesa dos filhos ou do peixe teimoso que comia todas as iscas, as minhocas arrancadas do chão, antes de se renderem ao anzol.

Histórias de caçadores e pescadores fazem parte da cultura dos brasileiros e, em Brasileiro, não era diferente. Eram as melhores, tão saborosas quanto o alimento resultante da façanha. Algumas pacas, a gorda, a malhada, a fugidia, ganhavam nomes e driblavam os caçadores até que um dia sucumbiam à fome destes e de seus familiares, transformadas em banquetes.

Capítulo 1

O sonho incutido por papai de ser doutora germinava na minha cabeça, crescia feito árvore gigante como as que rondavam nossa cidadezinha esquecida nos rincões do Pará. Eu não sabia ao certo o que significava ser doutora e fui perguntar para a mamãe.

— Doutora é alguém muito importante, que estudou muito e tem muita sabedoria – me disse ela.

E eu perguntei:

— E para que serve tudo isso?

Sem hesitar, minha mamãe me deu a resposta que fez meu coração vibrar de emoção:

— Uma doutora serve para ajudar muita gente! Quanto mais ela tem conhecimento, mais tem o poder de servir sua gente!

Aquelas palavras ecoaram tão forte dentro do meu peito que o meu desejo era me transformar em uma doutora naquele mesmo instante.

— Eu quero ser uma doutora!

Essa frase saiu de dentro de mim com tanta força que até eu me assustei. Minha mãe, vendo a minha empolgação, tratou logo de me trazer para a realidade.

— Ah, minha filha. Tornar-se uma doutora não é fácil. Precisa estudar muito. E aqui onde a gente mora não tem escola que forme doutor. Somente lá em Belém, na capital.

Eu não sabia o que era capital nem onde ficava Belém, mas tinha certeza de uma coisa: iria estudar até me transformar nessa pessoa que a mamãe falou, que é muito sábia e ajuda muita gente.

No instante em que tomei essa decisão, me lembro como se fosse hoje, meu corpo inteiro se encheu de euforia e de confiança.

Depois disso, ponto por ponto nas aulas de uma bordadeira que morava perto de casa e à qual eu ajudava, ia tecendo o meu sonho de ser doutora. Todos os dias eu me imaginava doutora. Nunca faltava às aulas, mesmo quando o maior inimigo entre o meu sonho e a realidade vinha visitar a minha família: a fome.

Você, leitor, já sentiu fome na sua vida? Fome de verdade, não essa de jejum intermitente. Fome

Capítulo 1

de se sentir oco por dentro, fraco das ideias e do corpo. Fome doída, que chega a dar vontade de botar qualquer coisa na boca só para preencher o buraco que vai se abrindo cada vez mais fundo dentro da gente.

Havia dias em que os bichos todos pareciam fugir do papai e os frutos se esconderem das árvores. A natureza tem dessas coisas. É generosa, farta, abundante, mas tem seus ciclos. Nos ensina que tudo tem seu tempo. Entre o plantio e a colheita há a espera. O tempo certo de a semente germinar e se desenvolver.

Nesses períodos, a fome batia forte em toda a minha família. Não tinha piedade dos adultos nem das crianças. Passava por cima da minha inocência e me fez descobrir o desespero. Chegava de mansinho e depois ganhava força, se tornando violenta como um soco na boca do estômago. Nesses momentos, eu me desesperava e simplesmente não tinha o que fazer. Não havia comida, nem fruta, nem bicho. Foi então que, num impulso, um dia a caminho da escola, eu quase desmaiei. Caí no chão e ali apanhei um torrão de terra e o levei à boca.

Sim, eu comi terra. Barro, isso mesmo. Aquela terra vermelha da Amazônia, o solo sagrado brasileiro, misturada com água da chuva. Engoli o primeiro torrão avidamente. Quase num transe, engolia barro junto com o choro, porque fome dói. Dói no estômago e em um lugar bem mais profundo dentro da gente. Logo em seguida, senti um gosto amargo na boca, uma náusea seguida de tremor e mal-estar. Era horrível, mas fez aquela sensação de dor na barriga se acalmar. E quanto mais eu comia, menos o meu estômago doía. Quando percebi isso, passei a comer mais e mais, desenfreadamente. Tão pequena, com pouco mais de seis anos, descobri literalmente que a terra nos dá força. Foi o barro que me colocou em pé e me fez descobrir a minha força interior.

Em nenhum momento deixei de sonhar, de desejar ser por outros chamada de doutora, como papai me acostumou desde menina.

Capítulo 1

Foi numa das aulas de bordados, entre agulhas e linhas, riscados de flores e folhas que, aos nove anos, a bordadeira do lugar me disse que uma conhecida precisava de uma babá em Belém e que essa poderia ser uma boa oportunidade para que eu começasse a trilhar uma nova vida, na capital, perto de tudo que eu desejava e de boas escolas. Sim, eu falava dos meus sonhos enquanto bordava, sempre fui faladeira.

Conversa vai, conversa vem entre meus pais e a bordadeira, mamãe achou que eu deveria, diante da comida escassa e de nenhuma possibilidade que o lugar oferecia, arrumar as poucas roupas para Belém. Meus pais tinham a convicção de que, com a família de velhos conhecidos da vizinha na capital teria o suporte de alguns familiares e de uma irmã que já moravam em Belém, eu teria um futuro diante dos olhos e ao alcance das mãos. E se, porventura, algo de ruim viesse a acontecer, eu tinha ainda o recurso das cartas que, mesmo demorando um pouco a chegar numa cidade que nem código de endereçamento postal (o CEP) tinha, sempre chegariam e eu denunciaria alguma dificuldade, e então eles me buscariam em Belém e trariam de volta.

Com uma pequena trouxa e velhos vestidos remendados às pressas, com as sobras de outros retalhos de fazenda, mas alegres como as cores que os desenhos que traçamos para o futuro carregam, os sonhos sempre nas nuvens, nas alturas, eu parti a bordo de um pau de arara, como no Brasil real chamamos o transporte em caminhões em que tábuas formam bancos, em meio às cargas de animais.

O vento batendo no rosto era inspirador e, do alto do caminhão, eu via os pequenos roçados de Brasileiro, de onde tirávamos os alimentos, mandioca, verduras e os frutos de árvores tão comuns da região, tais como; cupuaçu, buriti, muruci, abiu, graviola, biribá e taperebá. A poeira que o caminhão levantava não chegava a ferir o brilho dos olhos, das nuvens que me seguiam para uma nova

Capítulo 1

jornada, costurada e bordada por sonhos. Eu dava os primeiros passos para ser, de fato e de direito, a Doutora do Papai. Aquela que venceria as curvas do caminho, e eram muitas, com o caminhão por vezes adernando, para conquistar o sonhado título.

Eu estava feliz, mesmo com poucas roupas e nenhum item de objeto pessoal. A menina de nove anos carregava o futuro na sua trouxa e cantarolava ao vento o seu desejo de ser alguém na vida, na Belém que iria conhecer, a capital, a cidade dos sonhos.

Capítulo 2

DAS MÃOS SANGRANDO
À PEIXARIA

Achegada a Belém num pau de arara levou mais de oito horas, com algumas paradas para que todos pudessem pegar suas encomendas, galinhas, caranguejos e porcos e procurar algo para comer. Todos exauridos pela poeira do caminho que entrava pela boca, pelas narinas, pelos poros; mas, naquela toada, estava carregada de esperança, as pedras no caminho não contavam histórias, o caminhão e o sonhos as esmagavam.

Eu, menina, com nove anos, acabava, nessas paradas, ganhando um pedaço de tapioca embrulhada na folha de bananeira de mulheres cansadas da árdua labuta nos campos de Brasileiro, que haviam feito antes da partida. A solidarieda-de, palavra e expressão que hoje carrego com afe-to, é algo vital na jornada da vida, no trabalho, em casa e nas relações de amizade e é composta de uma sintonia de gestos entre os iguais, como uma orquestra que dispensa o regente.

Cada um daqueles homens, mulheres e crian-ças que me acompanhavam tinha em comum as mesmas dificuldades e nutria os mesmos desejos por dias melhores. Uma solidariedade que me encheu de esperança, e tempos depois, se despe-daçaria, mas me levaria a ter ainda mais coragem de seguir sempre em frente. Não ficar parada pelo caminho, mas dele retirar as pedras e vencer a poeira como quem aprende o carimbó, música e dança típica e tradicional do Norte, no chão batido, na terra vermelha, sem nunca perder a elegância dos trajes.

Os ventos de afeto da partida sempre me conduziram para os desafios que, com coragem, me impus. São esses ventos, movidos pela cora-gem, algumas vezes pela solidariedade, que me

Capítulo 2

impulsionaram e impulsionam ainda hoje, pois nunca perdi o sonho da menina de nove anos de ser doutora e, com o aprendizado, quem sabe, curar feridas para muitos ainda abertas pela falta de coragem de mudar e vencer obstáculos, construir novos atos na vida, além do primeiro, do segundo, do terceiro, do quarto ato e de todos os que vierem.

Aquele coração de menina disparou aos solavancos como os pneus do caminhão vencendo obstáculos quando o motorista gritou: "Estamos entrando em Belém". Pensava em como seriam as crianças de que iria cuidar como babá, se seriam travessas, mas obedientes como meus irmãos menores; como seria a escola, a senhora e a família com a qual iria morar. Muitos pensamentos me passaram, comecei a tentar imaginar a casa na qual moraria, vendo as primeiras que apareciam na paisagem.

O caminhão passava rápido por pontes, ruas grandes que eu nunca tinha visto, algumas praças onde havia mangueiras que, de tão grandes, seus galhos frondosos cobriam quase tudo; em época de safra caíam mangas pelas avenidas de Belém, muitas vezes amassando os carros ali estacionados. Até que ele gritou, "primeira parada: Mercado Ver-o-Peso". Eu nunca tinha visto algo tão grandioso, tão imenso com suas estruturas que, hoje sei, são metálicas. Uma construção potente, um porto, na Baía de Guajará, que é guardião das riquezas do Norte, das suas frutas, aqueles cestos cheios de açaí, fruto típico da nossa região que ganhou o mundo, da sua produção agrícola e de tudo aquilo que, com criatividade, a brava gente do Norte cria como artesanato (marajoara), e utensílios, roupas e calçados.

Os olhos de menina se encheram de deslumbramento, até que desci no ponto onde a família me aguardava. As crianças me pareceram afáveis. O quarto de empregada era minúsculo, cabia uma caminha em que eu dormia encolhida e eu lembrava dos meus irmãos e irmãs na dureza da vida que era Brasileiro, onde dormí-

Capítulo 2

amos em rede que, de tão usadas, chegavam a furar e eu caía pelo buraco.

Tudo na casa girava em torno dos filhos da dona e, mesmo que me dessem algo, como um pedaço de bolo, eu teria que devolver. Ficava no meu lugar, o da empregada, sem desfrutar da convivência de todos, ainda que uma criança, e andava e me portava de forma silenciosa, sempre respeitosa. Nada de choro, nem de reclamações.

O serviço, percebi nos primeiros dias, não se limitava a ser babá, era eu a única empregada e tinha que limpar a casa, lavar as roupas e passar, em troca poderia estudar. Seguir nos estudos, que era o que me impulsionava, também constituía o acerto feito antes da minha partida. Uma parte que foi cumprida no acordo.

Só que o sabão, e nessa época as pedras vendidas carregavam muitos produtos químicos, sobretudo a soda cáustica para ter espuma e clarear as roupas, começou a comer minhas mãos, elas ficaram em carne viva. Certo dia, tomei um grande susto ao ver que a água da bacia estava toda vermelha. Pela dor, descobri que era meu próprio sangue que escorria dos dedos abertos pelo esforço do trabalho e dos produtos químicos de limpeza.

— Que vermelho é esse na água, Naíle? – Perguntou a minha patroa, ao se deparar com a cena.

Antes mesmo que eu pudesse interpretar aquilo como uma preocupação dela comigo, já aos gritos ela pulou na minha frente para salvar as roupas daquela vermelhidão. Ela sequer me perguntou se estava doendo e se eu precisava de ajuda. Disse apenas para amarrar as feridas com um pano e ter cuidado para não manchar nada. Essa foi mais uma pá de cal na minha infância. Já não era mais uma criança. Eu era uma mulher que bancava seu sonho com o próprio sangue. Chorei silenciosamente apenas tarde daquela noite, quando fui me deitar, mas logo tratei de adormecer para mergulhar mais uma vez no meu universo particular, no qual era a Doutora do Papai.

Apesar de me submeter ao trabalho duro da casa da patroa, não me queixava. Nunca fui de

Capítulo 2

reclamar e até hoje não tenho paciência para quem se dedica a ficar tendo pena de si mesmo. Eu sentia que estava onde deveria estar. Tinha conseguido o principal, que para mim era frequentar a escola. A cada dia aprendia mais e tinha mais certeza de que estava trilhando o caminho que me levaria até a formação que tanto desejava. Certa vez, minha mãe veio me visitar e me achou um pouco triste.

— O que você tem, minha filha? Está tudo bem com você?

Eu respondia sempre:

— Está tudo ótimo, mamãe. Aqui sou tratada como uma filha. Todos gostam de mim. Sou muito feliz aqui e tive muita sorte de encontrar pessoas tão boas!

Sim, eu mentia para a mamãe sobre a minha condição. Não poderia jamais dizer a ela o que se passava, pois me levaria embora daquele sofrimento e eu ficaria longe da escola. Não queria deixar meus pais preocupados nem abdicar dos estudos. Tinha uma certeza muito grande dentro de mim de que tudo aquilo era passageiro. Dizia para mim mesma todas as manhãs:

— Força, amada! Isso é provisório. Vai passar, AVANÇA MAIS UM POUCO... mais, mais um pouco.

Do fundo de minha alma, acreditava nisso, mesmo me sentindo cada vez mais sozinha. Eu adorava a escola, mas lá também enfrentei dificuldades. Não tinha amigos. Os novos colegas, aqueles que poderiam me mostrar e falar de Belém, fugiam de mim, como se eu fosse alguém a ser evitada. A criança, uma empregada, miserável de mãos em carne viva. Uma colega da escola da qual se deve ficar longe, cujas mãos sangravam. Por vezes chorava baixinho, para ninguém ouvir e, ao receber cartas dos meus pais, respondia sempre falando maravilhas do trabalho, de Belém e da escola.

Quando temos um sonho maior do que a realidade que nos cerca, aprendemos na prática o que é ser resiliente e enfrentar os riscos. Nós nos apegamos a um ditado muito comum na região

Capítulo 2

Norte do Brasil, de que não há mal que dure para sempre e que o bem sempre vence; eu estava convencida de que o maior bem seriam os meus estudos. A frase de papai de que seria uma doutora teria que ser cumprida, uma profecia à qual sempre me apeguei. Quando se tem um norte, segue-se sempre em frente e, como boa nortista, aprendi logo a ter esse norte, afinal sou do Norte do Brasil, nascida em Brasileiro.

Por isso, sempre tive a certeza de que, munida da coragem e da determinação de me tornar uma doutora, venceria todos os obstáculos.

Foram dias de agonia, de muito choro escondido, de cartas falando maravilhas aos meus pais, construindo até uma realidade paralela que não consegui esconder de uma irmã que morava em Belém, a qual colocou um ponto-final naquela trajetória da babá empregada faz-tudo.

Fui, então, morar na casa de uma tia. Minha família se sentiu aliviada, achando que, agora, eu teria uma vida melhor. Infelizmente, não foi o que ocorreu. Nunca me esqueci do dia em que apanhei de minha tia por não ter dividido com meus quatro primos um ovo cozido que minha irmã havia deixado embrulhado e guardado na minha mala. Fiquei de castigo e passei fome, passei fome mais uma vez, me trazendo à lembrança os dias de menina quando comia a terra vermelha de Brasileiro a caminho da escola. E como a personagem que depois conheceria no cinema, a Scarlett O'Hara de Vivien Leigh, em *E o vento levou*, jurei para mim mesma que nunca mais passaria fome.

Foi então que, aos 14 anos, arrumei um emprego numa peixaria, a do Sr. Bené, em Belém, mesmo não entendendo nada de peixe, mas disposta a ser a melhor funcionária que ele haveria de contratar. A coragem, a resiliência e a perseverança são itens importantes na vida de qualquer pessoa. Eu, aquela menina interiorana, aprendera na prática o que é ter coragem de mudar os rumos da vida, o que é ter resiliência para aceitar os desafios e os obstáculos. Caí, é verdade, mas o mais importante na queda é

Capítulo 2

aprender e perseverar para levantar-se e buscar tornar realidade o sonho.

Na peixaria do Sr. Bené, eu aprenderia muito, também colocaria em prática lições que, menina, aprendera com a mamãe. Eu estava no mundo dos negócios, no micromundo de uma peixaria que era a maior do mundo para aquela menina de 14 anos.

Capítulo 3

A PEIXARIA DO APRENDIZADO

A menina que chegou à peixaria do Sr. Bené sem saber o nome dos peixes – pois eram muitos e alguns bem parecidos – logo perceberia que isso era importante. E mais importante ainda era atender os clientes sempre com um sorriso no rosto.

Mamãe, uma modesta professora do interior da região amazônica, havia me ensinado que nunca devemos esperar que nos peçam para fazer o que temos que fazer.

— Feche o círculo, minha filha. Surpreenda! Quando alguém te pedir algo, adiante-se, faça dez vezes mais. E veja em que mais você pode ajudar ao seu redor. As pessoas fazem somente aquilo que são mandadas. Se você sempre fizer um pouco mais, estará sempre à frente, saia do raso.

Essas palavras de mamãe eu carrego para a vida! Falo sempre para meus filhos e funcionários. Mostro a eles que surpreendemos quando fazemos mais. Mamãe também dizia aos filhos que devemos evitar sempre sermos chamados à atenção para algo que deveríamos ter feito e não fizemos.

— Sejam cordiais, se mostrem interessados, conscientes de toda situação! Olhem o entorno de vocês.

Ela nos ensinou a nunca deixar pendências. Sempre ir até o fim. Arrumar a cama, deixar limpos os copos usados sobre a borda do jirau (nossa pia feita de pau colhido no mato), deixar a roupa arrumada para o dia seguinte. Antes de pedirem, entregarmos, assim seremos sempre mais respeitados, valorizados e admirados.

Então, na peixaria, eu procurava anotar tudo, prestar atenção a tudo e me antecipar. Passei a entender que os clientes do Sr. Bené gostavam

Capítulo 3

de um atendimento que atendesse os seus desejos, de chegar à peixaria e levar exatamente o que procuravam. Então, com 14 anos, aprendi, na prática, aquilo que hoje leva a sigla de CRM (*Customer Relationship Management*), a gestão de relacionamento com o cliente. Eles chegavam, eu sabia o que procuravam e, prontamente, entregava o que queriam. Eu queria dar um bom atendimento e ver as pessoas felizes. Com o tempo, os clientes me procuravam pelo meu nome.

E o que esses clientes procuravam na peixaria do Sr. Bené é aquilo que me dá prazer, me traz de volta o sabor de dias do passado: os peixes para uma boa caldeirada paraense. A pescada-amarela, o famoso filhote que, apesar do nome, é grande, resulta numa caldeirada ou peixada de respeito, assim como o pirarucu, todos amazônicos, saborosos, carnudos e com poucas espinhas, pois as que têm são grandes, imensas.

Foi assim, atendendo aos clientes no balcão, conversando com um e com outro, acabei aprendendo a receita dessa iguaria amazônica que também leva o tucupi, que é o caldo da mandioca, tubérculo originário, hoje eu sei, da América do Sul e que no Brasil ganhou vários nomes, dependendo da região, como macaxeira, aipim, castelinha, uaipi, maniva, maniveira, pão-de-pobre e muitos outros. Esse caldo de mandioca prensada é ingrediente constante na culinária paraense, na qual os patos criados em lagoas e beiras de rio resultam num dos principais pratos da culinária: o pato ao tucupi. Mas é de peixe que estamos falando, o aprendizado é algo que também aprendi com mamãe que deve ser repassado. Quando esmagada, a mandioca solta o caldo, o tucupi, o que sobra é mais uma vez triturado e levado em grandes fornos ao fogo, vira a farinha, a famosa farinha de mandioca; em Belém a chamamos de farinha d'água.

Numa culinária que sempre trabalhou com a escassez, os paraenses aproveitam tudo da mandioca, inclusive as suas folhas, depois que são arrancadas do chão. Mas para um dos pra-

Capítulo 3

tos mais famosos do Pará, onde nasci, é preciso cuidado extremo no preparo, pois a maniçoba, com a qual folhas cozidas de mandioca são acrescidas a diferentes tipos de proteínas animais, exige mais de sete dias de preparo para que as folhas percam a sua toxicidade.

Na peixaria, esse grande universo de cores e temperos, acabei aprendendo uma receita que ainda hoje preparo e aprecio, a da caldeirada, seja de filhote ou de pescada-amarela. É um prazer tanto saborear como compartilhar o que aprendi e que hoje está passada de geração para geração em vários livros e sites de internet, com algumas variações, mas chegando ao mesmo ponto, ao mesmo lugar:

Do que você precisa:
- 1/2 kg de peixe-filhote, dourado, pescada-amarela ou outro peixe a gosto, em postas

- Limão para lavar o peixe

- 2 litros de tucupi

- 2 cebolas

- 2 pimentões verdes

- 2 tomates

- 1 ovo

- Salsa, cebolinha, coentro, manjericão e os temperos verdes que mais aprecia

- 1 xícara de azeite de oliva

- Alho a gosto

- Pimenta-do-reino a gosto

- Sal a gosto

Modo de preparo

Lavar as postas do peixe com limão e colocar em um recipiente com um molho pronto contendo suco de limão, alho e sal para temperá-lo. Cortar os temperos em tamanho médio e depois colocar na panela com uma quantidade de azeite português para refogar. Após refogar, colocar os 2 litros de tucupi para ferver junto a 1 cebola, 1 tomate, 1 pimentão e 1 ovo. Após ferver,

Capítulo 3

coloque as postas do peixe. Quando novamente ferver, aguarde em torno de 3 minutos, apague o fogo e estará pronta para saborear essa iguaria tipicamente paraense. Retire um pouco do tucupi, misture a farinha de mandioca e faça um pirão para acompanhar.

Na peixaria, seguindo o conselho de mamãe, sempre me antecipava a tudo. Anotava os peixes mais consumidos e fazia eu mesma o pedido diretamente aos pescadores que nos vendiam no atacado o resultado de suas pescarias. Quando o Sr. Bené perguntava o que estava faltando, eu sabia de cor e já o informava. Assim, conquistei dele o respeito e a amizade. Mas acabei por enfrentar outro problema ao seguir com os estudos, o objetivo inicial de ser doutora, do qual nunca me desviei, pois quando temos um foco, devemos persegui-lo e ele que nos move: o cheiro de peixe. Por mais que uma pessoa que trabalha com pescado tome banho, passe limão – nem existiam produtos cosméticos para isso – fica impregnada com o cheiro. Então, se nos primeiros anos de estudo em Belém, eram as mãos sangrando que faziam com que meus colegas se afastassem, agora era o cheiro do peixe.

Meus colegas gritavam a peixeira, a pitiú (fedor do peixe) chegou. Eu ia subindo a escadaria do colégio e já ouvia as piadas com o meu cheiro e até escamas grudavam nos meus braços e as cabeças enormes dos peixes quando o Sr. Bené estourava com o machado, aquele sangue todo voava nos meus cabelos. Nada disso me impediu de seguir em frente. E foi no balcão da peixaria, de conversa em conversa, prestando um atendimento adequado aos clientes, que fui convidada para uma nova jornada. As agruras da região Norte do Brasil sempre empurraram muitos para a rica região sudeste, a São Paulo, a maior cidade brasileira, terra de oportunidades.

Então, uma família me convidou para seguir com ela para São Paulo, com as despesas pagas. Como estava prestes a completar a maioridade,

Capítulo 3

que no Brasil se atinge aos 18 anos, conversei com minha família e, determinada a realizar o sonho de ser doutora, semeado pelo papai, dessa vez fiz as malas. Na vida, além de coragem, resiliência e foco, é preciso agir, sair do espaço no qual muitas vezes nos acomodamos para novos horizontes, ampliar os horizontes e assim seguir sempre em frente numa jornada que terá como recompensa o nosso legado, aquilo que deixamos e transmitimos para os que virão. E eu tinha muitos sonhos.

Capítulo 4

SÃO PAULO E O MUNDO

A viagem de Belém para São Paulo foi longa. Eu carregava na bagagem muitos sonhos além da mala com algumas roupas e até um presente que ganhei do Sr. Bené da peixaria como reconhecimento dos serviços prestados; e coisas que comprei com o salário, poucas, mas que preenchiam minha vida de esperanças.

Ainda criança, aprendi com minha mãe, na terra de chão batido e poeira de Brasileiro, que devemos e precisamos valorizar sempre o que temos e o que somos para irmos mais longe, para o território que guarda nossos sonhos. É como perseguir o pote de ouro que, conforme aprendemos nas lendas, mora no fim do arco-íris. Na prática, fora do território mágico, aquilo que conquistamos será sempre e de fato a base do alicerce do que iremos construir, também a matéria-prima com a qual tecemos, fio a fio, noite a noite, os nossos sonhos com a intenção de torná-los realidade.

Cartas trocadas com meus pais, irmãos e irmãs, antes da partida e muitas bênçãos e uma única certeza: eu seria uma doutora e ganharia o meu lugar no mundo em São Paulo, a maior cidade da América Latina, aquilo que todos acreditam ser a terra de oportunidades. Situada no coração do Brasil, São Paulo hoje, na segunda década do século 21, tem mais de 12 milhões de habitantes, com os quais eu, aos 18 anos, contribuí para a estatística que supera a população de muitos países ao redor do mundo e mesmo de vizinhos como o Uruguai e, que somada aos municípios da Grande São Paulo, ultrapassa a do Chile.

Com a maioridade conquistada com o passar de penosos anos, mas de muitos aprendizados como a coragem, a perseverança e o foco,

Capítulo 4

eu chegava a São Paulo com a certeza de que dias melhores viriam, como a expectativa que lia em placas de caminhão e em preces dos que enfrentam obstáculos e precisam depositar a confiança no futuro. E essa confiança eu tinha sempre de sobra, carrego-a ainda hoje na certeza de que, sempre, enquanto estivermos vivos e fortes, dispostos e com coragem para lutar, dias melhores virão.

Chegando a São Paulo, fiquei impressionada com o tamanho dos prédios, a quantidade de carros nas ruas, um mundo completamente novo, um cenário de selva de pedra diante dos olhos de uma menina que havia crescido entre matas e rios. A menina que recentemente aprendera a usar talheres, a cuidar das mãos e dos pés, da pele e que se dedicara a estudar na certeza de que estaria apta a conquistar o seu lugar no mundo: ser uma doutora como profetizara o meu pai, essa menina estava deslumbrada.

Tudo parecia ser grandioso e, ao mesmo tempo, assustador e desafiador diante dos meus olhos e da família que me trouxera para essa grande cidade.

Os primeiros dias de encantamento, de surpresa, porém, deram lugar às preocupações, à repetição do cotidiano da menina que se tornava mulher e que se via, mais uma vez, como nos filmes que se repetem e parecem nos perseguir, como uma empregada, morando numa pensão e dividindo a vida e as frustrações com uma família do Norte, pois a terra de oportunidades parecia fechar suas imensas portas diante dos nossos olhos.

Se pensei em desistir? Todos os dias! Todo dia eu pensava que não aguentaria mais tantos sofrimentos. Mas todos os dias eu me levantava e repetia que era provisório.

— Vai passar, Naíle! Você já chegou até aqui... Agora vamos em frente, garota! Avança mais um pouco... mais um pouco.

E assim eu mesma ia me automotivando. Não tinha outra escolha. Era seguir em frente! Não existe mágica na vida, é preciso criar a mágica e

Capítulo 4

em troca entregar nosso trabalho, muitas vezes nosso sangue. Foram noites perdidas a perder de vista, com dias que pareciam não ter fim quando vemos, em vez dos raios de sol, as chamas de esperança lentamente se apagarem.

Nessas noites escuras, sem que eu contemplasse o brilho das estrelas e o clarão da lua, a depressão começou a me rondar e uma profunda tristeza tomou conta de mim, e eu passava dias e noites num vazio; então passei a morder, roer os lençóis gastos da pensão em que morava. Estava sem perspectiva, e a ausência e descrença é sempre um fator de paralisia que, se não a rompemos, hoje eu sei e procuro alertar a todos, pode nos levar para um poço escuro e sem fim.

Num desses dias de horror, lembrei-me das falas do papai de que precisamos ser altivos, sem ser agressivos, que devemos sempre seguir em frente. Parecia ouvir a sua voz me dizendo que, se enfrentar os obstáculos e me dedicar a mim mesma e aos outros, seria uma doutora, chegaria ao topo do mundo. Eu estava no que entendia como topo do mundo, a São Paulo que é o topo, mas estava embaixo e em baixa. Quando a autoestima se esvai, nos perdemos, ficamos sem norte, mesmo os que chegam a São Paulo vindos do Norte como eu, sem bússola, sem rumo, frustrados, prostrados e assim eu estava.

A autoestima é algo valioso e hoje sei também que é o que nos move e nos mantém vivos. Numa noite dessas de horror, roendo lençóis e dizendo para a faxineira da pensão que me perguntou o que havia acontecido com eles que foram ratos e traças, fiquei me perguntando onde estava a coragem que eu parecia estar perdendo. Então, por sorte e mergulhada em pensamentos vagos, tive a impressão de ouvir as respostas nas vozes do papai e da mamãe. Essas vozes interiores, de coisas ditas e apreendidas no passado, me trouxeram de novo ao campo da luta pela vida, da conquista, de ser, finalmente, a doutora, o futuro que o papai tanto sonhara, de nunca desistir, como me aconselhou a mamãe, de ter uma vida melhor.

Capítulo 4

Nas proximidades de onde eu morava, ficava o Edifício Itália, um prédio lindo que me chamava atenção todas as vezes que eu passava em frente dele, e certo dia vi um anúncio nesse edifício, dizendo que precisavam de vendedores na Amil Assistência Médica. Então fui me candidatar.

Eu sempre digo, e eu realmente acredito nisso, que quando desejamos fortemente alguma coisa, uma força maior trabalha em nosso favor e nos joga para cima, como num impulso. Chegando lá, que sorte a minha, eu não sabia, mas quem me recebeu foi o próprio dono da empresa, que me ofereceu prontamente uma vaga de recepcionista. Sonhando alto, fui logo me impondo:

— Não, mas eu não quero ser recepcionista, eu preciso ganhar bem, eu quero comprar um carro, fazer uma faculdade, morar em Moema, (um dos bairros nobres de São Paulo) e com o salário de recepcionista seria impossível... eu quero ser vendedora!

— Mas você já trabalhou como vendedora?

Então eu, do alto da minha sinceridade, de queixo erguido, respondi prontamente:

— Sim, eu vendia peixe! Quem vende peixe, vende qualquer coisa! E eu sou muito inteligente, esperta e aprendo rápido.

— Gostei de você. Mas, para ser vendedora, você vai passar por um treinamento primeiro.

Inegavelmente, eu tinha uma coragem admirável. Ele me deu a oportunidade de fazer o curso oferecido pela empresa, com a duração de vinte dias, e então eu poderia ser vendedora. E este foi o impulso do qual eu precisava. Após duas horas de curso, o único proveito que asseguro ter obtido com ele foi o de ter acrescentado algumas palavras novas a meu vocabulário, como "eletroencefalograma" e "cineangiocoronariografia", e fiquei encantada com essas novas palavras.

Capítulo 5

VENDAS AMIL POR HORA

Naquele ano, a Amil, que fora criada no Rio de Janeiro por um engraxate que também não abandonou seu sonho de se tornar um doutor, o Dr. Edson Godoy Bueno, chegava a São Paulo.

Eu era a única mulher na turma de vendedores; após essas duas horas de curso, me chamaram à sala do proprietário.

— Naíle, nós recebemos um telefonema de uma pessoa que não quer vendedores homens para tratar com ela, pois ficou traumatizada após um assalto, e você é a única mulher da equipe, você pode ir atendê-la?

"Levante a cabeça e olhe para a frente, minha filha, ninguém precisa saber que você está com medo, ninguém precisa saber que você está nervosa, seja altiva". Eu estava morrendo de medo, mas as palavras do meu pai, encravadas na minha mente, me encorajaram e guiaram minha resposta, simples e direta.

— Sim, eu vou.

— Você está preparada?

Eu não sabia absolutamente nada e respondi engolindo seco.

— Sim, claro!

Uma jovem senhora me aguardava na sala de estar de sua residência luxuosa, ela exibia a imagem de uma autêntica *lady*, muito elegante e simpática; me recebeu com um belo sorriso e me fez sentir confortável, embora desesperada por dentro.

O ambiente era cirurgicamente limpo, decorado em estilo clássico, o pé-direito altíssimo ostentava o maior lustre que eu já tinha visto na vida até então. Todos os objetos a minha volta, tapetes, cortinas, quadros e móveis replicavam um verdadeiro palácio. O piso brilhava tanto quanto um espelho, e quase exigia

Capítulo 5

um curso de etiqueta para conseguir andar sobre ele; e eu apavorada por dentro e morrendo de medo de escorregar naquele piso encerado.

Eu me sentei no lugar indicado por ela, que, por sua vez, se acomodou em uma poltrona logo a minha frente.

— Fale-me da Amil.

O relógio parou. Cada segundo parecia ser uma eternidade, um silêncio sepulcral tomou conta da situação e imediatamente engoli o medo, me enchi de altivez e disse: "Para que a senhora não fique com nenhuma dúvida, eu vou ler o contrato". Em nenhum momento, deixei transparecer a minha insegurança de principiante. Eu não me permitiria dizer a ela que eu era nova e não sabia como proceder e que ligaria na empresa para o meu gerente. Jamais! Papai me falava: minha filha, você tem duas opções de postura na vida, dar desculpa ou dar solução; a escolha é sua.

— Vou lhe falar da Amil, mas para que não haja nenhuma dúvida, eu vou ler o contrato para a senhora, o que nós NÃO pagamos, enfatizei.

Em seguida, passei a ler também os benefícios oferecidos pelo plano de saúde. Ela ficou encantada com a minha honestidade e clareza, me elogiou dizendo que a maioria dos vendedores esconde informações importantes na hora da venda e só fala maravilhas da empresa, mas eu fui sincera, e disse somente a verdade. O resultado não poderia ter sido melhor. Saí da casa dela com mais de 15 contratos assinados, sendo um para ela, outro para o marido, para os filhos, pai, mãe, toda a família.

Cheguei à empresa carregando nas mãos um volume considerável de contratos; fui chamada pelo chefe novamente.

— Mas o que você fez, Naíle?

— Doutor, eu vendi. O senhor me disse para vender, e eu vendi!

Dali em diante, aquela era a minha técnica de vendas, fui a campeã de vendas naquele mês, e adorei a sensação. Gostei tanto que repeti o feito mensalmente durante todo o período de 1 ano e 7 meses no qual trabalhei como vendedora da Amil.

Capítulo 5

Feliz com minha realização, com a descoberta de uma fórmula de vendas pautada na verdade, naquilo que realmente entrega ao cliente, a transparência, comecei a liderar vendas. Enquanto muitos conseguiam vender um plano por semana, eu vendia vinte. Estava realizada. Só que isso, não posso negar, me afastou dos colegas, impediu que tivesse com eles uma convivência harmoniosa, cumplicidade. Então, a conquista do pódio acabou sendo seguida pelo desprezo dos colegas.

A menina que devia ser evitada na escola porque tinha as mãos sangrando, depois o cheiro do peixe, agora era uma ameaça a todos os vendedores.

Nesses momentos, aprendi a não me intimidar, assumir a liderança, oferecer ajuda e a fórmula conquistada em vendas, completamente diferente daqueles que apenas querem empurrar um produto ao consumidor.

Eu me mantive firme e, com os ganhos, segui meu sonho de me matricular numa faculdade de Direito, de buscar realizar o desejo de scr doutora, o compromisso que assumira com papai na terra de chão batido de Brasileiro.

Segui em frente, liderando vendas e conquistando cada vez mais clientes. Não me deixei abater pelo desprezo dos colegas, como fiz no passado, na escola com as mãos sangrando e com cheiro de peixe. Eu era premiada, reconhecida por minha capacidade e conseguia com isso prêmios, comissões melhores e me vestia melhor, cuidava mais de mim. Eu estava em São Paulo e, agora, me sentia de fato no topo do mundo.

Para saborear a conquista, um dos prêmios de vendas eu podia escolher, então pedi para que pudesse almoçar todos os dias no Terraço Itália, no restaurante que fica no topo e de onde se pode apreciar toda São Paulo, a cidade, não uma qualquer, mas a maior da América Latina. Ali do alto, eu me sentia empoderada, feliz, sem nunca deixar de lembrar com amor da terra de chão batido de onde vim.

E foi assim, conquistando clientes e liderando vendas, que cheguei até um empresário,

Capítulo 5

que ficou encantado com meu tratamento. Ali começaria um novo capítulo na minha vida, imaginando ser a princesa de um mundo que se abria e no qual eu estava no topo.

Capítulo 6

O CASTELO E O PRÍNCIPE

Eu sempre fui ousada e corajosa, nunca tive medo de nada, e conquistei muitas vantagens com isso. Na cobertura do Edifício Itália fica um restaurante finíssimo, de alto padrão, o Terraço Itália. Com uma vista deslumbrante, eu me imaginava fazendo refeições ali e me sentindo no topo do mundo, então resolvi fazer uma proposta para o meu chefe, e com toda a naturalidade do mundo, fui direto ao assunto.

— Sabe este restaurante aqui em cima? Eu quero almoçar e jantar nele todos os dias, e no Galeto's também.

Ele não tinha como negar, afinal de contas, eu era um meteoro, um tsunami, um monstro nas vendas, e nós dois sabíamos muito bem disso. Eu corria atrás dos meus prêmios, nesse caso eu ganhei almoços e jantares merecidamente conquistados, no topo do mundo e embalados ao som aconchegante de um piano de cauda. Tudo isso com apenas 18 anos, menos de uma década após deixar a selva, descalça e levando apenas esperança.

E foi assim, em uma dessas visitas aos clientes, que eu conheci o pai dos meus dois filhos mais velhos.

Um príncipe encantado naquela época, mas a quem eu hoje chamo de "falecido" – ele é vivo, porém falecido para mim. Ele era jovem, bonito, rico e gentil, já me recebeu com galanteios.

— Me disseram que viria uma gracinha de pessoa, mas veio uma gracinha e meia.

Desde o primeiro momento em que ele me viu, começou a me elogiar. Ele insistiu durante um ano para que eu aceitasse seus convites, até que um dia eu aceitei porque comecei a ficar com vergonha de tanto dizer não. Fomos a

Capítulo 6

um show da cantora Simone e ele levou junto a família para a casa de espetáculo, mãe, irmã e cunhado... demonstrando boas intenções. Ele me elogiava o tempo todo, e eu estava começando a me encantar por aquele príncipe.

Ele colocava a mão no balde de gelo e depois segurava as minhas mãos dizendo estar congelando de tão emocionado por estar ao meu lado. O tempo todo fazia gracejos para me agradar. Eu não conseguia acreditar que aquilo estava mesmo acontecendo, uma caipira como eu sendo cortejada por um homem tão maravilhoso! Era bom demais para ser verdade, tanto que eu não contei nada aos meus pais a princípio, era como se eu ainda precisasse ter certeza de que ele existia.

E, de fato, namoramos e estávamos apaixonados, frequentávamos os melhores restaurantes, viajávamos e sempre ficávamos nos melhores hotéis, ele me chamava de "nenenzinha" e me tratava feito um bibelô. Logo no início do namoro, ele exigiu que eu saísse da Amil.

— Você não precisa trabalhar, eu quero você perto de mim, nenenzinha, você pode ir todos os dias para a loja comigo. E eu também não quero que você fique visitando clientes, afinal foi assim que nós nos conhecemos, e eu não poso correr o risco de deixar você conhecer outra pessoa.

Ele era atencioso comigo, companheiro e amoroso, chegava a ser doentio. Quando eu tinha que tomar alguma medicação, ele chegava ao ponto de tomar também, só para me fazer companhia!

E assim eu parei de trabalhar eu fui morar numa casa cinematográfica, localizada numa área de 24 mil metros quadrados, com mais de 30 cômodos, um verdadeiro palácio dentro da capital, onde trabalhava um batalhão de funcionários. Havia oito funcionárias dentro da casa, outros oito do lado de fora, um caseiro só para recolher as sujeiras dos pôneis e das aves raras da Patagônia, que lindamente enriqueciam o cenário bucólico e surreal daquela chácara urbana.

Capítulo 6

Motorista, jardineiros, cuidadores e adestradores de animais, todos trabalhavam em suas funções para manter o bom funcionamento da residência, e como se não bastasse, eu ainda tinha uma dama de companhia. Eu, uma menina selvagem, com dama de companhia, parecia piada. A alimentação da casa chegava em caixas e era levada para a cozinha e despensa. O motorista era quem trazia tudo, eu não precisava me preocupar com absolutamente nada.

Tudo isso, somado a um pequeno pântano habitado por jacarés exóticos dentro da propriedade, uma piscina suspensa e dezenas de cães de guarda, formava uma estrutura de magnitude assustadora e assentiam a personalidade epopeica do meu príncipe encantado.

Quantas festas regadas a champanhe e bufês milionários foram dadas aos banqueiros e empresários da elite paulista naquela mansão, grifes de luxo promoviam desfiles de moda sobre a piscina, e a alta sociedade frequentava a minha casa.

Eu estava apaixonada e feliz, envolvida por tantas mordomias com as quais nunca sonhara, mesmo sendo tão ousada em sonhar; não precisava de mais nada. Talvez eu estivesse em estado de choque e tentava me acostumar com esse novo e inimaginável estilo de vida; eu me lembrava constantemente das minhas origens, e me assustava com a disparidade das realidades que conheci.

O meu príncipe era protetor, atencioso e carinhoso, mas foi quando o meu filho tinha aproximadamente três meses de idade que esse mesmo príncipe encantado começou a se transformar em sapo, e como se estivesse num conto de fadas às avessas, o meu castelo começou a desmoronar.

Todo relacionamento abusivo começa da mesma forma. No princípio, é sempre tudo muito bucólico, romântico, cheio de paixão e doação de ambos os lados. É extremamente difícil, para quem está dentro de um relacionamento como esse, identificar a realidade em que está inserido, isso se explica pelo fato de que o processo de dominação mental acontece muito lentamente.

Capítulo 6

O abusador age na psiquê da outra pessoa, a prende, domina, fazendo com que ela não consiga sair daquela situação, pois não se identifica como vítima; ela encontra justificativas para os atos do seu abusador, o defende na maioria das vezes, e pior, ainda se culpa. Ele faz a pessoa se sentir mal, um lixo, mas, ao mesmo tempo, faz elogios e oferece algo de bom; como diz o ditado, ele "bate e depois assopra", isso nos destrói.

Na prática, trocando em miúdos, a vítima não consegue entender como aquela pessoa, que antes só lhe fazia elogios, agora vê defeitos em tudo. Raramente fica satisfeita e quando faz algum pequeno agrado, a vítima fica aliviada por finalmente ter "acertado", mas não vê que está, na verdade, vivendo de migalhas, que, por sua vez, alimentam a dependência emocional. Ou seja, recebe dezenas de críticas e apenas um elogio, e se torna dependente dessa pequena afeição.

É muito penoso compreender essa mudança de comportamento do agressor, por isso, passa a acreditar que ela própria tem mesmo algum problema, e se sente culpada. Então começa a se adaptar ao outro, a viver de acordo com o que vai possivelmente agradar aquela pessoa, passa literalmente a viver a vida do outro, em detrimento da sua própria.

Deixar de lado o trabalho na Amil, que tantas alegrias e conquistas me deu, pareceu natural. Afinal, eu tinha uma casa, um verdadeiro palácio para cuidar, e ainda administrar os funcionários. Tínhamos o mundo ideal e, agora, um casal de filhos, uma bela casa, e eu tinha um príncipe. Só que sempre existe, mesmo nos contos de fadas, a bruxa perversa e, no meu caso, o príncipe virou um sapo e o castelo, uma prisão.

Capítulo 7

UM BICHO-DA-SEDA PRESO EM SEU CASULO

A menina pobre de Brasileiro agora entrava em um verdadeiro palácio só seu. As mãos sangrentas e o cheiro de peixe definitivamente haviam ficado para trás. A fome, a dor, as incertezas eram apenas rastros de um passado ao qual jurava a mim mesma não voltar. Eu ainda não era doutora, mas tinha aos meus pés o mundo. Os melhores restaurantes, as viagens mais caras, as roupas de rainha e o rei que, aos poucos, mostrava sua majestade.

Um bicho-da-seda da seda aprisionado em seu próprio casulo. Assim eu me sentia. Tinha tudo e não tinha nada ao mesmo tempo. Ele chegava carinhoso, envolvente e eu, envolvida, cedia, me deixava levar pela doce presença e pelas palavras que, sem perceber, me aprisionavam. Para quem nunca foi amada, os menores gestos, mesmo que de aprisionamento, eram de amor. E eu me deixava embalar pela estranha forma de carinho.

O bicho-da-seda é importante na natureza, produz a seda mais rara. O ciúme dele era bom, sinal de carinho. Eu o queria. Afinal, não podia reclamar, tinha tudo. Tudo me pertencia. Menos a minha vida e as minhas decisões. Sozinha, nunca; com as amigas, nem pensar; babá e dama de companhia sempre ao meu lado. Para que ter asas se não posso voar?

Isso não; isso também não. Para que você quer sair? Por que pensar? Onde? Com quem? Como assim? Eu, a menina de Brasileiro, que saiu de casa em busca de um sonho, agora estava presa nele. O sonho virava pesadelo, e tinha forma e voz, sufocante mais que o sol escaldante; destruidora, mais que a lama que encharcava os pés.

Capítulo 7

O choro reprimido no quartinho escuro voltava à cena. E eu me calava, aceitava, aceitava, aceitava... Sofria calada, me encolhia em meu casulo, as asas frouxas aderiam ao meu corpo como grude das árvores. A natureza de mulher se fechava em apenas olhar o nada, sem perspectivas e sem sonhos.

Porém, o bicho que não voa perde o destino. E eu ia perdendo o meu, enlaçada em uma teia maior ainda. Os nãos agora eram acompanhados de vergonha de ser quem eu era.

Aquele príncipe passou a me chamar de feia, inútil, desajeitada e dizer que eu não passava de um pano de chão: esses eram alguns adjetivos para o bicho de asas presas no casulo. O certo virou errado e o errado não forçava o casulo a se abrir.

O gosto da terra trazia de volta a realidade da menina pobre, a dor da fome voltava a incomodar, as mãos ardiam como se estivessem de novo em carne viva. Queria fugir de tudo aquilo, mas não podia. A verdade agora escancarada me aprisionava ainda mais. A prisão da alma e do espírito. Em que curva da estrada deixei-me levar pelos meus sonhos? Buscava a resposta em vão e o choro era inevitável.

Sutil, sorrateiro e crescente, o meu casulo foi se impondo; ele tem seu tempo, a vida não se estende além desse tempo. Se não conseguisse romper a membrana do casulo, não teria outra oportunidade. As palavras do papai, os desejos da mamãe, os anos de sofrimento, os sonhos esfacelados no chão. Tinha de ser forte, por mim, pelo meu filho. Não havia volta; se havia, acabara se perdendo pelo caminho.

Nas histórias, as princesas viviam felizes para sempre ao lado de seus príncipes. Meu conto de fadas não teria um final feliz. O príncipe se transformava a cada dia, me decepcionava e me entristecia. Os contornos do palácio tinham sempre o mesmo formato, não havia para onde fugir. O que deveria ser alegria, agora era só tristeza e desencanto. A menina de Brasileiro teve a audácia de sonhar alto demais.

Capítulo 7

O período em que convivi com o "falecido", foi o único no qual eu esqueci do grande objetivo da minha vida, deixei de lado o meu maior sonho, para viver um pesadelo.

A essa altura já aconteciam as agressões físicas, primeiro os apertões no braço, depois ele passou a desferir golpes mais violentos e a escalada da violência só aumentava, a ponto de apertar meu pescoço e tentar me estrangular.

Nesse dia, caí e ele por cima de mim, e eu, sem forças para reagir, já não conseguia respirar; usei o que tinha em minhas mãos, a chave do carro. Nesse momento, o golpeei no rosto e o sangue jorrou sobre a minha face e pescoço, ele viu que estava ferido e parou de apertar a minha garganta. Ele passou a viajar com namoradas e me deixava em casa com as crianças sem nada na despensa, aquele pai cuidadoso começou a não se importar com nada. O portão da gaiola de ouro ele deixava trancado, os funcionários tornaram-se vigias. As funcionárias que dividiam suas marmitas comigo estavam de folga, eu pulei o muro e fui pedir comida no vizinho; numa dessas vezes era Natal e, nós, naquele castelo sem nada para comer. Quando voltava dessas viagens, vinha mais violento ainda. Em um determinado momento, era como se eu fosse propriedade dele, e eu comecei a ficar com medo de dormir no mesmo quarto que ele, então me mudei para um outro, dos inúmeros daquela gaiola de ouro. Assim que eu fiz essa mudança, as funcionárias e a governanta da casa foram orientadas que eu era proibida de me alimentar, as geladeiras tinham chave e outras ficavam trancadas na despensa.

Elas ficavam com dó de mim e dividiam suas marmitas comigo trancadas e escondidas no banheiro da minha gaiola de ouro. Elas também eram proibidas de atender a algum pedido meu e não trocar as toalhas do meu banheiro, nem os lençóis de cama, ora, trocar minhas toalhas? A menina selvagem era acostumada a tomar banho de igarapé (riacho).

Capítulo 7

Vivendo dessa forma, fragilizada emocionalmente e completamente perdida, estava com a autoestima no fundo do oceano e já não sabia mais quem eu era. O "falecido" drenou totalmente as minhas forças, parecia que ele acordava todas as manhãs com o único objetivo de me humilhar. Eu vivia como uma intrusa, uma escrava, completamente sozinha, me sentindo um nada, uma criatura inexistente, robótica, enfrentando um vazio insuportável, um silêncio ensurdecedor, uma infelicidade absurda, e cada vez mais envolvida numa teia sufocante, afastada das pessoas que amo, e alheia ao mundo. E como se não bastasse ter sido destruída, ter esquecido de mim mesma e estar aprisionada de corpo e alma, ainda fui levada a acreditar que a culpada disso tudo era eu. Isso mesmo! Eu me sentia culpada!

Capítulo 8

UM VOO DE ASAS REPRIMIDAS

Com meu filhinho no colo, parti para a casa dos meus pais. Pará era meu destino; Brasileiro, meu lar. Mas as asas ainda não estavam fortalecidas. Papai entendeu meu voo, mamãe me acolheu no meu pouso. Eu era uma menina assustada que buscava o aconchego da casa. Meu pai, diferentemente do "falecido", compreendia além das palavras.

Achei que estivesse protegida na casa dos meus pais. O cheiro da terra me fortalecia, a pobreza não mais me assustava... o medo sim. E ele veio a galope, não no cavalo do príncipe galante e corajoso. Mas no poder do opressor. O "falecido" foi me buscar... chegou soberbo, palavras de intimidação, a fala firme de quem se acha o dono da razão e da vida da outra pessoa. Ele olhou com arrogância para o papai e disparou: "O senhor tem ideia da casa que sua filha mora em São Paulo? O senhor sabe o tamanho da casa? Quantos empregados tem à disposição da sua filha?".

O que ele não contava era com a firmeza de papai, homem simples, mas com honra e lucidez. Não se intimidou com o olhar nem com o poder que o dinheiro pode dar. Papai respondeu: "Cidadão, nada disso me interessa, o que me interessa é saber se minha filha é feliz". Diante da força de meu pai, relatei a verdade e mostrei as algemas que me aprisionavam e o "falecido" foi embora.

No fundo, ele sabia que ainda não tinha perdido a disputa. E tinha muita verdade nisso.

Acredite, depois de tanta violência, mesmo assim eu acreditava numa mudança e voltei para minha gaiola de ouro. Infelizmente, muitas mulheres violentadas acabam voltando, dando mais uma chance, no afã de que dessa

Capítulo 8

vez será diferente e eu fui uma dessas mulheres que voltou às presas do seu algoz. Eu estava mais envolvida do que imaginava; disso talvez não tivesse tanta consciência. Saí de Brasileiro com a esperança de que tudo seria melhor, mesmo sabendo que não seria. Voltei a acreditar no conto de fadas, embora o príncipe nunca voltasse a ser encantado. Nessa volta, cheia de esperança, engravidei da minha filha, Luana.

"Com a filha, tudo vai melhorar", pensava entre um delírio e outro. Mas meu príncipe tinha várias facetas que se escondiam em meio a um amontoado de sensações. E rezava aguardando o tipo do "bom-dia", do "boa-noite", a angústia no meu peito. Seria a faceta de anjo ou a de demônio. Temia pela minha vida, pela vida dos meus filhos. Eu era torturada lentamente dia a dia, ele torturava e eu me sentia culpada. Voltava a encolher as minhas asas com medo de que elas aparecessem e ele as cortasse de vez e o choro vinha abafado.

Em cada gesto, em cada palavra, em cada explosão de sentimentos dele, a culpa recaía em mim. Eu era a culpada, mesmo se não tivesse certeza disso. De alguma forma, eu o irritava e ele se transformava. A sorte me deu a única oportunidade de ser feliz, de ter o que nunca imaginei ter e eu zombava disso, da minha sorte. Assim, meus pensamentos se perdiam entre culpa e desilusão.

Meu príncipe se transformava a cada dia em algo apavorante, assustador. Eu tinha medo, mas não queria me afastar. Ficava apreensiva, porém achava que tudo ia passar. Chorava sozinha e o choro ecoava nas paredes daquele castelo que desmoronava na sua grandeza. As palavras começaram a ganhar formas mais agressivas. E as mãos do opressor começaram a sufocar. As asas não eram apenas podadas, eram arrancadas e a pele ficava em carne viva, ardendo, queimando. As marcas pelo meu corpo mostravam do que ele era capaz.

Não mais tinha tranquilidade para dormir, para descansar, para cuidar dos meus filhos. A apreensão em cada passo retirava-me do mundo dos sonhos e jogava-me diante da realidade, amarga, dura e cruel.

Capítulo 8

Agora, não só as mãos sangravam, o coração também. Não tinha mais forças para suportar. A qualquer momento poderia sucumbir diante do tirano que me encarcerava a alma. Soltei o que restava das asas e tentei um voo baixo, suficientemente alto para me afastar daquele castelo que se desfazia em pedras soltas espalhadas pelo chão. Minha pequena filha levei comigo. Éramos duas reunidas na mesma alma: a criança e a adulta.

Saí sem rumo, com uma mala, algumas roupas minhas, dos meus filhos, algumas mamadeiras em uma das mãos e a pequena Luana em outra. O destino não sabia ao certo, só queria fugir das garras do predador implacável que me exterminava aos poucos. Uma de minhas amigas, Dona Silvia, acolheu a mim e a minha filha, em seu apartamento, num pequeno colchão. Voltava à condição de outrora; ao chão! No chão, a realidade é mais dura ainda, para quem conheceu a imensidão do céu. Chorei muito aquela noite, abraçada à minha pequena filha, que não conhecia os desígnios da condição feminina.

O peso do sofrimento fez com que minhas costas e ombros não suportassem mais o peso da vida. Ao inflar o peito para respirar e tentar impulsionar as asas, a dor sumia. Acertara na escolha, bastava apenas assumir a vida, na condição rara de uma alma em ascensão. Ainda tinha o outro filho que precisava de resgate também, pois o "falecido" o havia pegado na escolinha antes do que eu.

O predador foi mais rápido, o tirou de mim e as chantagens começaram, mas eu estava sem forças para travar uma guerra desigual. Única arma que poderia, julgava-o, me fazer desistir... eram os filhos. Ele não queria um dos filhos, queria a guarda dos dois. O plano do mal ele havia traçado e a presa, dessa vez, não teria chances de fugir. A estratégia era me afundar na lama que havia se formado na estrada da minha vida. Fuga do país com a posse dos filhos, promissórias falsas em meu nome, perseguição, ele foi perverso.

Capítulo 8

A fome voltou a me assombrar, não tinha para onde correr, o predador sabia conduzir bem o seu plano. Só que agora não estava sozinha, não era somente uma menina de nove anos que mentia nas cartas para os pais e engolia o choro nas noites de solidão. Eu não podia ceder, minha vida e as dos meus filhos dependiam de mim. Pelos meus filhos, sem comida, dirigi-me até sua loja e disse:

— As crianças estão sem nada para comer. – Ele respondeu:

— Te vira, você não quis separar? – Eu respondi:

— Eu vou me virar e você um dia vai me procurar e eu vou te ajudar. – Ele riu e disse:

— Te enxerga, sua pobretona, você, me ajudar? – E deu uma sonora gargalhada.

A luta contra o predador era insana, mas manteria a cabeça erguida e encontraria um caminho para percorrer sem que ele conseguisse me alcançar. Afinal, para me atingir, ele se valia até de deixar os próprios filhos com fome. Não sucumbi, fui à luta. Ele podia ser grande e ter poder nas mãos; eu era pequena e me agigantei quando vi a possibilidade de perder meus filhos e estava disposta a enfrentar o que viesse pela frente.

Capítulo 9

A PRIMEIRA POSSIBILIDADE
DE UM VOO MAIS ALTO

A decisão do juiz me favorecia. Era a primeira derrota do predador, aquele a quem não mais reconhecia em palavras e na aparência. A guarda dos filhos era minha, uma pensão de 50 salários-mínimos garantiria futuro aos meus filhos e resgataria meus sonhos perdidos que ficaram nas estradas pelas quais passei. Naquele dia vibrei, comemorei e agradeci pela nova oportunidade que estava tendo na vida.

Contudo, ainda não era o fim. O depósito não foi realizado, ele provara judicialmente que as empresas tinham falido. E agora, para onde seguir? A esperança se desfazia em pedaços por onde andava e os sonhos novamente se despediam de mim. Haveria de encontrar um caminho que me resgatasse a alma e a dignidade.

Não cederia mais a nenhum pedido dele. Seria forte o suficiente para suportar todas as barreiras do caminho. Consegui um trabalho, fui vender queijo de padaria em padaria, assim garantia a comida às crianças e uma quitinete para morar. O sonho de ser doutora rondava novamente meus pensamentos e se materializava na possibilidade de conquistar tudo que era meu de verdade.

Assim o fiz: trabalhava durante o dia, cuidava dos filhos e estudava à noite. Eles iam comigo para a faculdade, faziam parte dos meus sonhos. Juntos, seríamos mais fortes. O choro cada vez mais contido para não me perder, a determinação como meta maior; a pequena garota que saiu de Brasileiro se transformava, ou melhor, realizava uma verdadeira metamorfose, tal qual o bicho-da-seda.

Chegou o último ano da faculdade e, com ele, uma nova angústia. Uma recém-formada,

Capítulo 9

sem um escritório para trabalhar, mãe e pai ao mesmo tempo de duas crianças que exigiam muito de mim e a dívida da faculdade para pagar. Esse era o resumo da minha vida e um retrato do que tinha a trilhar ainda. No entanto, sabia que não podia desistir, não agora.

As crianças já não estavam mais na escola particular (uma das mais caras de São Paulo), tive que transferi-las para uma escola pública. Certo dia, a professora me chamou e disse:

— Mãezinha, tire suas crianças daqui, elas estão bem acima da média.

Saí dali engolindo seco e, em prantos, caminhei com olhar perdido pelas ruas, na esperança de encontrar uma solução ou ao menos uma luz que pudesse iluminar meu caminho e eu pensava: "Deus não desampara mãe com filhinhos, Ele vai me guiar. Só um milagre mesmo!" Próximo da casa em que eu morava, em um bairro periférico da cidade de São Paulo, sentei-me em um banco de uma pequena praça e olhei para o céu azul em busca de uma resposta divina. Minha fé era a única que se mantinha inabalável naquele momento.

De repente, um orelhão, daqueles de fichas ainda, tocava sem parar à minha frente. Sempre usei o telefone para ligar, nunca para receber ligação. Pensei: "Deus estava me ligando", indaguei-me, na certeza de que teria ali uma resposta ao meu pedido. Impulsionada por esse desejo, levantei-me e atendi a ligação.

Era uma voz de mulher perguntando se eu conhecia uma pessoa e que havia marcado de ligar àquela hora. Respondi que não conhecia a pessoa e que não havia ninguém ali além de mim. A mulher agradeceu e desligou. Coloquei o fone no gancho, ainda envolta em pensamentos. Ele me ligou!

Foi nesse momento que a ideia surgiu na mente como resposta ao meu pedido. "É isso!", pensei alto, quase gritando. Anotei os dados daquele telefone e mandei fazer cartões de visita com o número como se fosse do meu escritório. Em casa, meu filho de coração me

Capítulo 9

esperava. O filho que adotei como meu quando minha amiga morreu. Saí com ele e entregamos vários cartões nas redondezas. E não demorou muito, o orelhão começou a tocar.

Eu me arrumava toda e corria para atender meus clientes: "Mamede advocacia, Nicole, bom dia, em que posso ajudar?" (eu fazia o papel da Nicole). Do outro lado:

— Bom dia! Eu gostaria de agendar um horário com a Dra. Naíle Mamede em seu escritório. – A Nicole, toda gentil, respondia:

— Pois não, a Doutora está neste momento atendendo dois clientes e tem mais três esperando, mas a Doutora gosta de dar um atendimento personalizado e vai até a sua residência no final da tarde.

Dessa forma, a agenda começou a lotar, eu não poderia agendar os clientes na praça e eles também não poderiam saber que meu "escritório" era na praça. A Dra. Naíle aos poucos foi lotando a agenda e o "escritório" precisava admitir um secretário. Ali mesmo na praça tinha um senhor simpático, riso frouxo que andava com um short largo e a barriga nua de fora, era Severino, o contratei e recomendei:

— Na hora em que o cliente ligar, o senhor pede silêncio para as crianças que estão jogando bola e tira o galo que insiste em cantar fora de hora, ele respondeu:

— Pode deixar, Doutora!

Seu Severino, com muita simpatia, encantava os clientes e, à noitinha, quando vinha dos atendimentos personalizados, ele estava com seu caderninho cheio de recados. O banco da praça deixou de ser o local de lamento e se tornou meu primeiro escritório. Papai tinha razão: "não desista nunca de seus sonhos". Não desisti, papai. Agora sou a Doutora do Papai!

Graças ao meu empenho, o volume de clientes crescia cada vez mais. E meu tempo se restringia a atender os clientes nas casas deles e no telefone da praça. Depois de três meses, meu sonho ganhava um espaço, meu primeiro escritório.

Capítulo 9

Os sonhos não se realizam de qualquer jeito. As pendências do passado ainda pairavam como sombra. A dívida da faculdade, as pendências jurídicas inibiam as minhas ações. Mais uma vez, precisei da ajuda de Deus e outro anjo cruzou meu caminho. Dessa vez, o dono do imóvel, Senhor Lira, acreditou na minha palavra, nas minhas intenções, alugou a sala para o meu escritório, mesmo sabendo de todas as minhas pendências; nem contrato ele quis.

Capítulo 10

O RETORNO DO SAPO E O PRÍNCIPE SUBSERVIENTE

Com o aumento de clientes e a estratégia de usar o orelhão, o Sr. Severino como secretário de um escritório que, já naqueles tempos, era virtual e, agora, instalada num escritório de verdade, os negócios cresceram. Não tive dúvida em seguir o modelo de negócios do Dr. Edson de Godoy Bueno, o homem que, de engraxate, tornou-se médico e criou a Amil, empresa na qual fui destaque de vendas. Ele percebeu, ao estruturar um dos mais importantes planos de saúde do Brasil, que precisava oferecer diversas modalidades de atendimento médico para crescer. No escritório, comecei a ser procurada para causas cíveis, previdenciárias, trabalhistas e até criminais. Então, percebi que era hora de abrir as portas para novos profissionais da advocacia que precisam trabalhar e, como eu, lutavam por seu lugar no mundo.

Então, aquela advogada iniciante teve a ideia de contratar outros advogados para ampliar o leque de serviços a serem prestados. O escritório cresceu, o dono do imóvel, atendendo ao nosso pedido, aumentou o espaço. De uma pequena sala passamos a ocupá-lo por inteiro e uma obra para um segundo piso foi iniciada. Já tínhamos secretárias e salas, criamos uma recepção para triagem dos casos, passamos a ter atendimento mais personalizado e acumulando conhecimento de cada área.

Eu estava feliz, a vida voltava a ser o que sempre desejei, ainda não estava no topo, mas conquistava meu lugar ao sol na maior cidade da América Latina.

Meus dois filhos, que foram exemplos durante todo o período de dificuldade, progrediram na escola, conquistaram boas notas, e eu

Capítulo 10

tinha, agora, os recursos necessários para transferi-los para escolas melhores, como já haviam me recomendado.

Realizada como mãe e profissional, via o escritório aumentando de tamanho, ampliando o atendimento, tornando-se referência de bons serviços prestados, e filiais tornaram-se necessárias.

Os dias, que antes estavam nublados, mesmo que o tempo estivesse fechado, me pareciam dias de luz. A coragem, a determinação, a resiliência para entender a realidade, não se acomodar a ela, davam resultados. Eu era a doutora que papai profetizara e, agora, viajo o mundo em busca de conhecimento; França, Londres, Alemanha, Croácia, Costa Rica, Chile, Estados Unidos entre outros. Eu sempre levei meus filhos para conhecerem o lugar onde nasci, assim como os meus familiares que lá vivem ainda hoje, para sentirem o gosto e os cheiros das frutas, o clima da floresta amazônica e os temperos que sempre me acompanharam, com o sabor e o frescor da infância, também o lugar onde os sonhos que me moveram brotaram do chão, da terra vermelha de Brasileiro.

O escritório agora já contava com dois andares, a recepção sempre cheia e eu tinha uma sala digna, a sala de uma doutora. Até que a recepcionista veio me avisar que um cliente, sem marcar hora, gostaria de ser atendido. No que ela disse o nome, pois fazia 18 anos que havia sumido; um frio me cortou a espinha. Eu parecia reviver, pelo retrovisor da memória, a angústia de dias passados, dias que eu havia arrancado do calendário, dias de horror e violência doméstica, maus-tratos que sempre começam verbais e terminam físicos, sirenes da polícia ao redor de um palácio do qual a princesa havia se tornado prisioneira. Tudo isso e muito mais num átimo de segundos, de minutos.

Então, lembrei-me mais uma vez dos conselhos dados pela mamãe, tenha misericórdia e exercite o perdão. E disse à secretária para que o trouxesse à minha sala. Era ele, o príncipe de outrora, pai dos meus dois filhos, que estava ali,

Capítulo 10

diante dos meus olhos, não mais agressivo e determinado a me agredir física e verbalmente, mas como um animal quando está ferido, encolhido; me explicou que corria o risco de ser preso por conta de negócios mal realizados. Não tive dúvida, chamei a equipe de advogados à sala. Disse a todos na frente dele: "Se estamos todos aqui hoje, trabalhando, se me formei em Direito, me tornei, finalmente, uma doutora, eu devo isso a esse senhor. Ele perturbou tanto a minha vida que me deu gana para estudar ainda mais para me proteger dele. Hoje estamos aqui e se vocês têm toda essa estrutura para que possam trabalhar, um dos motivos foi o 'incentivo' dele". E dei de coração meu Muito Obrigada àquele homem cabisbaixo. Depois falei somente pra ele: "Lembra que um dia eu te disse que você viria me procurar? E que eu o ajudaria? Fique tranquilo que o ajudarei".

Se me senti incapaz um dia, foi na casa dele, quando eu dizia:

— Vou estudar, ser a Doutora do Papai – ele sarcasticamente dizia:

— Você? Te enxerga, você não sabe viver sem mim, para tudo você depende de mim, até para o papel higiênico que você usa, você depende de mim, tudo cai do céu pra você. – Eu retrucava:

— Caí no inferno, pois o preço que eu pago é muito alto.

Todas aquelas lembranças vinham à minha mente naquele momento. E foi da casa dele que saí para projetar construir o meu futuro e dos meus filhos.

As palavras me saíram com naturalidade, não como uma vingança daqueles que os italianos nos ensinam que deve ser comida fria, o ajudei por misericórdia, era um ser humano desesperado precisando de mim e não hesitei em nenhum momento.

Agora, era ele que voltava, meio encolhido, me relatou o problema que enfrentava, para o qual precisava de uma solução e não tinha a quem recorrer.

Explicou-me, chamei a advogada do escritório que atuava na área criminal e pedi que

Capítulo 10

visse e acompanhasse o processo dele, buscando um bom desfecho.

Ele, o príncipe da arrogância e da violência doméstica, agora estava ali, diante da minha espera, à espera de uma solução que, caso não viesse, poderia resultar em sua prisão.

Ele aguardou o retorno da advogada sentado à minha frente e conversamos como se tivéssemos nos visto no dia anterior; eu me lembrava das palavras da mamãe: misericórdia, perdão e estava ali de coração limpo. A advogada retornou com o contramandado de prisão, ele mostrando alívio, me pediu um segundo favor: um emprego. Isso mesmo! O "falecido" me pediu emprego. Estava sem recursos inclusive para as refeições. Eu dei emprego a ele, ofereci para ser um dos secretários do escritório.

Ele prontamente aceitou. Tornou-se um funcionário exemplar, chegava pontualmente ao escritório, atendia com eficiência e rapidez nossos clientes, mas procurava me agradar demais, oferecendo café, suco e até arrumando a mesa do refeitório para a doutora. Fiquei incomodada, pois minha intenção não era a superveniência, mas sim o intuito genuíno em ajudar uma pessoa. Aquele príncipe que havia virado um sapo agora tornara-se quase um bobo da minha corte; então o transferi para outro escritório, pois, no novo, eu compareceria poucas vezes. Por um ano, ele permaneceu na minha folha de pagamento, sem nenhuma reclamação, nenhuma falha ou falta que fosse anotada. Depois desse período, ele seguiu seu caminho e nunca mais o vi, isso faz dez anos.

Minha filha Luana, hoje advogada, falou na época em que o pai apareceu:

— É, mãe, a vida não gira, ela rodopia.

Capítulo 11

ABRINDO E CONQUISTANDO NOVOS HORIZONTES

Com o escritório crescendo, convivendo com inúmeras dores e manifestações, via sempre cartazes de crianças desaparecidas. Mães segurando esses cartazes. Então, um dia cheguei para uma delas, para conversar, saber da sua vida, do seu problema e foi que conheci a Presidente da Mães da Sé, Ivanise Esperidião; tornei-me Embaixadora dessa luta. São mães que vivem em busca de seus filhos desaparecidos, é uma eterna espera, um luto inacabado e elas são invisíveis perante o poder público. Também entendi a importância do associativismo e acabei por ingressar no Rotary Club Liberdade São Paulo, no coração da Grande São Paulo, cujo lema me encanta: "Dar de si antes de pensar em si".

Em busca de ajudar o próximo, iniciei como Voluntária Cisne Branco – VCB, à qual damos apoio; e no Espaço Família Naval, que conheci num evento no Círculo Militar de São Paulo. Também ingressei no Jardim das Borboletas, que é uma ONG que cuida de crianças portadoras de epidermólise bolhosa (doença sem cura que causa bolhas em toda pele e membranas mucosas).

A minha luta, a luta de uma mulher para ocupar o seu lugar no mundo. Foi assim, de um convite a outro, que me tornei palestrante e percebi que as pessoas precisavam dessa motivação, de histórias capazes de resgatarem os sonhos. Também, como dizia o filósofo grego Platão, de demonstrar que, mesmo na escuridão de uma caverna, devemos buscar a luz. Quando somos nós mesmos, com nosso sonho intacto, conseguimos, vencemos e podemos retribuir à sociedade.

Capítulo 11

Eu lutei, não desisti, conquistei, pois acredito num mundo melhor, na força da mulher; não podemos esquecer de olhar ao redor e ficar atentas aos sinais que a vida nos dá, sejam vindos de um orelhão ou de uma relação, quando está prestes a se tornar abusiva. Mesmo pisando nos solados vermelhos dos meus sapatos Louboutin, a lembrança dos meus pés sujos de barro e a terra vermelha que comia nunca irão me distanciar das minhas origens; sempre lembrarei de onde vim e isso definitivamente não me impediu de ser quem um dia sonhei. Se eu consegui, você pode muito mais.

Quarto 826

Foi com esse pensamento que venci o coronavírus depois de uma prolongada internação para tratar a covid-19, pois pedi aos meus filhos que levassem para o hospital as minhas melhores roupas, perfumes, maquiagem, pois queria estar bela e perfumada para as enfermeiras, transmitir alegria e relembrar os bons momentos vividos; aqueles objetos me remeteriam às boas lembranças, a vontade de sair dali e viver, eu recusava me entregar. Era uma festa no quarto 826, as enfermeiras e médicos saíam sorrindo de lá.

Sofri muitos reveses, mas olho para o meu passado e só vejo coisas boas. Escolho ver o lado bom de tudo e de todos. Sou mais feliz dessa forma e sou grata por ter nascido onde nasci e de ser filha de Seu Abdala e de Dona Violeta, meus maiores mentores. Não me vejo como vítima de um Brasil miserável, sinto-me privilegiada por ter tido oportunidade de me transformar em uma mulher forte, capaz de lutar, sem esmorecer. Sinto-me feliz cada vez que tenho a oportunidade de me engajar e apoiar projetos sociais; qual o motivo de estarmos nesta breve jornada se não for para nos darmos as mãos?

Minha teia

Foi por essa razão que passei a fazer palestras, gratuitas para quem precisa e não pode

Capítulo 11

pagar, e remuneradas para empresas, cuja renda destino 100% às entidades que apoio. Conto a minha própria experiência, para atingir principalmente as mulheres que se encontram na mesma teia da qual eu me libertei; se a minha mensagem atingir, inspirar e fizer renascer ao menos uma mulher, eu já ficarei muito feliz. Não posso deixar de ressaltar também, após narrar a minha história, o quanto é importante para o desenvolvimento de uma criança vitoriosa, e que irá se tornar um adulto vitorioso, o uso correto das palavras. Meus pais programaram a minha mente para vencer, e através da repetição, suas palavras passaram a fazer parte de mim; o mesmo aconteceria se fossem palavras ruins, e esse é o segredo.

O principal segredo para aproveitar de verdade a plenitude da vida é não deixar jamais de acreditar em si e em seus sonhos. É no momento presente que você constrói a ponte para o seu futuro. Estamos todos no mesmo barco. Viemos a esse mundo para evoluir. Então que seja com alegria, boa vontade e generosidade. No final, voltaremos ao barro e só levaremos dessa vida as nossas memórias, os momentos que tocaram verdadeiramente a nossa alma. Até lá, trate-se com amor e seja autor da sua própria história. Não aceite enredos impostos pelas condições do meio em que você nasceu. Descubra o que faz vibrar e elevar a sua alma e viva por isso. Leve na bagagem a pureza da sua criança, a bondade do seu coração e a alegria do seu sorriso. Não tema os desafios, pois são eles que nos tornam fortes. Lance a sua flecha ao alto e nunca duvide de que chegará lá. Faça acontecer!

Esse é o meu maior desejo a todos vocês que chegaram até esta página da minha jornada. Obrigada por me acompanharem até aqui. Saibam que tudo está disponível no universo, basta acreditar. Podemos ter fome, mas não podemos viver sem um sonho que alimente a nossa alma. Só ele é capaz de fazer com que a nossa vida se torne MAAAAARAVILHOSA!

Capítulo 12

AS LIÇÕES QUE APRENDI

Sonho

Sonho é o combustível da máquina humana, quando alguém deixa de sonhar, só sobrevive e aceita o destino. Quando sonhamos, temos a capacidade de traçar nossas rotas em busca de um caminho melhor.

Os sonhos são os caminhos que nos levam para o nosso interior, como um mapa, onde o maior tesouro é conhecermos a nós mesmos.

Sonhe! Pense alto, sonhe, busque e continue sonhando, só assim você conhecerá a sua essência, o seu propósito de vida e definirá o seu destino até alcançar todos os seus sonhos.

Coragem

No meio de uma adversidade, é comum as pessoas nos falarem para termos coragem, mas, afinal, de onde vem essa coragem?

Quando você se deparar com uma situação, que paralisa, você pode até se questionar se ainda tem força e coragem para enfrentar, por experiência própria lhe digo: a coragem sempre estará em nosso interior, é a nossa capacidade de resistir e superar qualquer obstáculo!

Quando você se enche de coragem, a sorte corre ao seu encontro, Deus manda anjos para guiá-lo e protegê-lo.

Foi o que aconteceu comigo e estou aqui lhe contando uma parte dessa história.

Altivez

Ser altivo é diferente de ser arrogante. É olhar a vida de cima e seguir sempre em frente, com um objetivo capaz também de mobilizar outros ao redor para que seja alcançado. Pessoas cabisbaixas já entram em campo perdendo o jogo. O jogo da vida.

Capítulo 12

Resiliência

A vida me ensinou a enxergar oportunidades na adversidade, afinal, a única opção que estava disponível era a própria adversidade.

Você pode estar se perguntando como eu aceitei as coisas como elas são e segui em frente?!

O primeiro passo é conhecer suas próprias ferramentas, resiliência é a habilidade de suportar, superar e limitar o impacto negativo que as dificuldades têm em nossa mente.

Seja a mudança que você quer ver no mundo!

Solidariedade

Solidariedade é a nossa face humana, é enxergar o outro, nos enxergarmos no outro e, assim, participarmos da vida de todos. Uma pessoa que é solidária recebe em troca a mesma solidariedade, é percebida pelo outro, reconhecida, o que é essencial para o desenvolvimento pessoal.

Entrega

Não espere que lhe peçam alguma coisa, faça antes, faça mais. Esse é o caminho, ensinado por minha mãe, para que possamos viver bem e sermos realizados. Se lhe pedirem 100, entregue 150. Essa será a sua marca e marca é aquilo que falam de nós quando estamos ausentes. Se somos competentes, se somos decididos, se temos um sonho a perseguir e transformá-lo em realidade, fazemos entregas. A entrega é um ato de realização e como tal deve ser plena.

Perdão

Perdoar alguém é renunciar ao sentimento de ira, raiva e tristeza. Ao praticar o perdão, você limpa o seu coração de todas as mazelas que o acometeram e impede que qualquer sentimento ruim tome conta do seu corpo.

O ato de perdoar é mais benéfico para aquele que o pratica, não importa se o outro merece ou não, o perdão está nas suas mãos, o agir vem de você!

Capítulo 12

Quando perdoamos, temos controle apenas do nosso sentir, por isso repito: perdoe e siga em frente com o seu coração cristalino!

Galeria de fotos

GALERIA DE FOTOS

Eu com 15 anos em Brasileiro (época da peixaria).

Luana no pônei em casa (na gaiola de ouro)
e brincando de acampar.

Parte da área do sítio.

Parte da fachada da casa (cozinha e sala) da gaiola de ouro.

Galeria de fotos

Evento no Tribunal de Justiça.

Meus filhos Roberto e Luana no sítio.

Naíle Mamede

Meu filho Betinho com seus cachorros.

Acampando no quintal.

Galeria de fotos

Parte do quarto do casal.

Eu grávida de Luana.

Meu filhos Luana e Betinho.

Acampamento na casa grande.

Galeria de fotos

O minipântano com o jacaré do sítio.

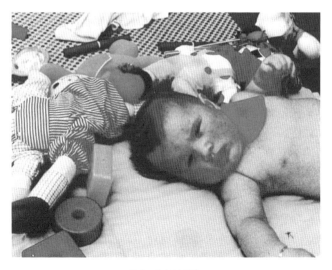

Robertinho bebê.

Naíle Mamede

Betinho e Luana passeando de pônei pelo quintal.

Galeria de fotos

Festa das empresas que celebravam no sítio.

Naíle Mamede

Paris.

Galeria de fotos

Minha filha Luana e eu em Paris.

Naíle Mamede

Visita à ONU (Organização das Nações Unidas) em Nova York.

Eu em Nova York.

Galeria de fotos

Amsterdã.

Em visita ao Capitólio, Washington D.C.

Naíle Mamede

Roma, Itália.

Roma, Itália.

Galeria de fotos

Naíle, na Suprema Corte de Manhattan.

Pará; ao fundo, barquinho de pescadores.

Naíle Mamede

No topo, com o livro em Dubai.

Palestra em Dubai.

Galeria de fotos

Performance durante palestra em Dubai.

Naíle Mamede

Prece no deserto em Dubai.

Galeria de fotos

Com a palestrante e escritora Leila Navarro em Dubai.